# 고해성사란

소박하지만 편리한 가이드

**The Handy Little Guide to Confession**
Michelle Jones Schroeder

Copyright © 2018 by Michelle Jones Schroeder. Published by Our Sunday Visitor Publishing Division, OSV, Inc. All rights reserved.
Korean translation copyright © 2024 by ST PAULS, Seoul, Korea

# 고해성사란
### 소박하지만 편리한 가이드

**발행일** 2024. 12. 18

**글쓴이** 미셸 존스 슈뢰더
**옮긴이** 서영필
**펴낸이** 서영주

**펴낸곳** 성바오로
**출판등록** 7-93호 1992. 10. 6
**주소** 서울특별시 강북구 오현로7길 20(미아동)

| | |
|---|---|
| **취급처** 성바오로보급소 | **전화** 944-8300, 986-1361 |
| **팩스** 986-1365 | **통신판매** 945-2972 |

E-mail bookclub@paolo.net
**인터넷 서점** www.paolo.kr

책값은 뒤표지에 있습니다.
ISBN 978-89-8015-956-7
**교회인가** 서울대교구 2024. 10. 7    SSP 1099

• 이 책은 저작권법의 보호를 받으므로 무단전재와 무단복제를 금합니다.
 이 책 내용의 전부 또는 일부를 재사용하려면 반드시 저작권자와 성바오로출판사의 동의를 얻어야 합니다.

소박하지만 편리한 가이드

# 고해성사란

미셸 존스 슈뢰더 글
서영필 옮김

# 소개를 건너뛰는 것은 죄입니다

　가톨릭 신자로서 우리는 고해성사를 본다는 것이 꽤나 두려운 일이라는 것을 너무나 잘 알고 있습니다. 개인의 성격부터 과거의 경험, 심지어 본당 사제에 대한 감정까지, 고해성사를 얼마나 편안하게 여기고 있는지에 영향을 미칠 수 있습니다. 긴장하는 것은 당연하고 지극히 정상적인 현상입니다. 하지만 신앙이 성장하고 그리스도와의 보다 친밀한 일치를 향해 한 걸음 더 나아가고 싶다면, 우리 자신과 그분의 화해에 익숙해져야 합니다. 고해성사에 다가가는 데 방해가 되는 요소는 무엇인지, 그리고 그 모든 것을 극복하고 이 놀라운 성사를 받아야 하는 이유는 무엇인지 솔직하게 살펴봅시다.

이해합니다. 저도 겪어 봤습니다. 저는 몇 년 동안 고해성사를 보지 않았습니다. 아무것도 아닌 일로 시작해서 몇 달이 지나고 죄의 목록이 길어지면서 미루는 마음이 부끄러움으로 바뀌었습니다. 고해성사를 시작하는 첫 문장인 마지막으로 고해한 지 얼마나 되었는지를 말하기가 두려웠습니다. 하느님께서는 내가 미안해한다는 것을 알고 계시고 또 내가 미안해하는 것이 중요하다고 저 자신을 설득하려 했습니다. 하지만 고해성사는 피할 수 있어도 심판은 피할 수 없다는 사실을 깨닫기 전까지 너무 힘들고 불편한 마음이었습니다. 그 깨달음은 저에게 쉽지 않은 결정이었지만 다시 성사를 보기로 결심하게 했습니다. 하지만 왜 그렇게 중요한 일을 쉽게 미루는지 이해해야 했습니다. 친구들과 대화를 나누면서 우리가 고해성사를 피하는 많은 이유가 어느 정도 보편적이라는 것을 알게 되었습니다.

고해성사에 저항하거나 노골적으로 성사 보기를 거부해 왔다면 이제 그 생각을 바꿀 때가 되었음을 인정하기가 어려울지도 모릅니다. 우리 대부분은 자신이 틀렸을 때 그 사실을 인정하는 것을 좋아하지 않으니까요. 우리는 자신을 낮추고 하느님께서 때때로 우리에게 요구하시는 도전들이 실제로는 기쁨과 자유를 가져다줄 것을 쉽게 받아들이지 못합니다. 고해성사를 단지 의무로, 피하고 싶은 일로 여겨 버립니다. 하지만 고해성사는 잘못에 대한 벌이 아니라 하느님과의 관계를 더 깊게 하기 위한, 하느님께서 우리에게 주시는 선물입니다. 인간적인 감정을 떨쳐 내고, 이 성사가 단순히 신앙생활의 요구 사항을 충족시키기 위한 것이 아니라, 마음속 가장 깊은 갈망인 주님과 함께 있기 위해서 필요하다는 것을 인정하기가 쉽지는 않습니다.

고해성사를 선물로 바라보려면 먼저 우리가 왜 고해성사에 대해 부정적인 인상을 갖고 있는지부터 밝혀야 합니다. 어떤 것들은 단순히 덮을 수 없으며, 우리는 두려움과 당혹감, 자존심, 그리고 겸손하게 죄의 용서를 구하는 것을 방해하는 모든 장벽에 잔인할 정도로 솔직해져야 합니다. 이 책을 읽는 동안 자신이 고해성사에 참여하는 데 방해가 되는 것이 무엇인지를 깨닫고 인정한 다음, 하느님께서 우리 모두를 위해 의도하신 아름다운 경험으로 받아들일 수 있기를 바랍니다.

* 본문의 주석은 모두 옮긴이 주입니다.

## 차례

소개를 건너뛰는 것은 죄입니다    7

어려움을 극복하고 앞으로 나아갑니다    14
고해성사는 정말 필요한가요?    20
무엇이 당신을 붙잡고 있습니까?    26
하지만 잠깐만요, 더 있습니다!    44
내가 무엇을 했습니까?    54
자기 자신 용서하기    60
라그니아페    64
아직 끝나지 않았습니다    70
유지 보수 예야하기    74
두 걸음 앞으로, 한 걸음 뒤로    80
궁극적인 목표에 집중하세요    86
단 한 가지 할 일만 남았습니다    90

# 어려움을 극복하고
# 앞으로 나아갑니다
---

고해성사 때 사제에게 자신의 영혼 상태를 털어놓는 데 전혀 문제가 없는 사람도 있습니다. 하지만 적극적인 신앙생활을 하면서도 고해성사에 대한 막연한 두려움을 지닌 사람도 있습니다.

고해성사는 우리를 불편하게 하려고 만들어진 것이 아닙니다. 예수님은 실제로 우리에게 은총를 얻기 위한 수단으로 고해성사를 주셨습니다. 많은 사람이 왜 단순히 하느님께 "죄송합니다"라고 말하고 끝내면 안 되는지 질문합니다. 우리는 잘못했을 때 반드시 하느님께 죄송하다고 말씀드려야 합니다. 하지만 그렇다고 해서 고해성사의 필요성이 줄어드는 것은 아닙니다.

고해성사는 단순히 죄를 인정하고 용서를 청하는 행위만이 아닙니다. 고해성사는 양방향으로 이루어지는 성사입니다. 우리가 죄를 고백하고 죄의 용서를 받으면 하느님은 우리에게 은총을 베푸시는데, 이는 우리가 죄를 지었을 때 우리를 회복시킬 뿐만 아니라 미래를 위해 우리를 강인하게 하고 죄를 피하도록 돕는 데 필수적입니다.

더 나아가, 이해하기는 조금 어렵지만 우리의 고백 행위는 그리스도의 몸 전체를 강화하는 데 도움이 됩니다. 이 성사는 우리가 하느님과 그리스도의 몸인 교회와 다시 친교를 나누고 있다는 확실한 신호를 줍니다. 죄는 개인뿐만 아니라 교회의 구성원인 우리를 하느님과 분리시키기 때문에, 우리의 개인적인 화해의 행위는 교회 전체의 화해에 기여합니다.

가톨릭 신앙에서 어떤 성사도 단지 우리가 무언가를 하게 만들기 위해 존재하지 않습니다. 모든 성사는 우리가 하느님의 은총을 받도록 해 줍니다. 혼인성사를 먼저 받지 않고는 혼인 생활의 은총을 누릴 수 없듯이, 고해성사 없이는 죄 사함과 관련된 은총을 받을 수 없습니다.

고해 사제와 마주 보고 성사를 볼 수 있는 것이 가능하기 훨씬 이전에 열 살인 저는 첫 고해를 했습니다. 어린이로 고해소에 처음 들어서는 순간은 공포 그 자체였습니다. 고해소는 작고 어두웠으며, 반대편에 알 수 없는 누군가와 대화해야 하는 이상한 장면이었습니다. 무슨 말을 할지 연습을 했지만 할 말을 잊어버릴까 봐 죽을 만큼 무서웠던 기억이 납니다. 저의 죄에 대해서는 별로 생각하지 않았습니다. 교리 교사는 부모님께 불순종한 것 등 우리가 잘못했을 법한 몇 가지 예시를 주셨습니다. 큰 실수 없이 시련을 극복하고자 애썼던 기억이 납니다.

오늘날의 고해성사는 그나마 제가 어렸을 때보다는 덜 위협적이라는 것을 알고 있지만, 그럼에도 여전히 두려운 경험입니다. 부모나 교리 교사의 진지한 설득에도 울면서 고해소에 들어가기를 거부하는 아이들을 본 적이 있습니다.

첫영성체를 준비하며 첫 고해를 볼 때도 오랜만에 성사를 볼 때도 우리는 불편한 상황을 마주합니다. 그리고 그런 상황적 두려움에 더해, 우리는 사제에게 잘못한 모든 것을 말해야 합니다. 심지어 아무도 알지 못하는 내용도 털어놓아야 합니다!

이 모든 과정은 솔직히 끔찍하게 느껴질 수 있으며, 어렸을 때 느꼈던 모든 감정이 어른이 되었다고 해서 갑자기 사라지지는 않습니다. 어렸을 때는 전혀 신경 쓰지 않았는데 어른이 되어서는 형

제와 싸우거나 부모님에게 말대꾸한 것보다 더 심각하고 복잡한 죄를 고백해야 하기에 꺼리게 되었을 수도 있습니다.

고해소를 찾아가기로 결심하려면 진지한 고민과 자기 성찰이 필요합니다. 안전지대 밖으로 멀리 나와야 할 수도 있습니다. 하지만 결국에는 그만한 수고의 가치가 있다고 장담합니다. 고해성사는 주님과 더 친밀한 일치를 이루면서 그분께서 우리가 갖기를 바라시는 모든 영적 은사를 얻어 누리며 우리의 죄로 인해 생긴 간극을 메우는 큰 발걸음이 됩니다.

# 고해성사는
정말 필요한가요?

힘겨운 진실은 고해성사가 선택 사항이 아니라는 것입니다. 고해성사가 가톨릭 신자의 필수 조건이 아닌 것처럼 여길 수는 없습니다. 건강하고 실천하는 가톨릭 신자가 되고 싶다면 고해성사를 보아야 합니다. 채식주의자가 되려면 고기를 먹으면 안 됩니다. 채식주의자라고 공언하면서 고기를 먹을 수는 없습니다. 마찬가지로 가톨릭 신앙생활에서 참여할 가치가 있다고 생각되는 성사만 골라 참여할 수는 없습니다. 교회는 가톨릭 신자들이 적어도 일 년에 한 번은 고해성사를 볼 것을 요구합니다(「가톨릭 교회 교리서」 1457항 참조). 우리는 모두 자유 의지가 있으므로 이 요구 사항을 무시할 수 있지만 중요하지 않은 것으로 치부할 수는 없습니다. 예수님께서 사도들에게 죄를 용서하는 권한을 주시며 특별히 이 성사를 세우실 만큼 중요합니다(마태 16,19 참조).

가톨릭 신자로서 미사에 빠지지 않고 본당과 지역 사회에 봉사하며 좋은 사람이 되기 위해 노력하지만, 고해성사를 보지 않는다면 신앙의 본질적인 아름다움을 놓치고 있는 것입니다. 우리는 모두 완벽하지 않다는 것을 알고 있습니다. 우리는 죄를 짓는다는 것을 알고 있으며, 하느님도 이런 우리에 대해 이미 알고 계십니다. 하느님께서 우리에게 원하시는 것은 우리가 겸손하게 당신 앞에 나아가 당신과의 관계를 회복하는 것입니다. 하느님은 우리가 자유 의지로 당신의 은총을 받기로 선택하고, 주님께서 우리에게 자비를 베푸시도록 우리가 은총을 구하기를 원하십니다. 그분의 은총은 하느님께서 우리가 걸어가길 바라는 길을 비추는 빛으로, 우리가 평생 그분과 하나가 되는 방법을 알게 해 줍니다. 고해성사를 건너뛰고 그냥 고개를 들어 "죄송합니다!"라고 말하는 것과는 다릅니다.

첫째, 그것은 우리가 하느님의 나라에 들어가는 데 필요한 겸손을 보여 줄 수 없게 합니다. 둘째, 우리가 용서를 청한 뒤에 하느님께서 우리 안에서 일하실 기회를 주지 않으며, 영원을 준비하며 성장하도록 우리를 부르시는 하느님의 길을 알아보는 능력을 차단합니다. 마지막으로, 교회 안에서 우리의 용서를 위해, 즉 교회 공동체와의 일치를 위해 우리는 고해성사에 참여해야 합니다. 고해성사에 더 많이 참여할수록 하느님께서 우리의 삶에서 그분을 멀리하고 있는 곳을 보여 주실 것입니다. 결국 이것이 고해성사의 진정한 의미입니다. 자신을 낮추고 마음을 열어 하느님과 화해하는 것입니다.

고해성사를 회피하면 우리의 죄를 합리화하고 경시하는 것이 너무나 편리해집니다. 우리는 그런 말을 입 밖으로 내지 않기 때문에 우리 자신과 창조주 사이에 놓인 거리에 대한 생각을 피할 수도 있습니다. 우리의 실패, 어두운 순간을 말로 인정한다는 것은 우리가 그것의 주인이 된다는 것을 의미합니다. 그 정도로 깊은 차원에서 마음을 나누는 것은 어렵고, 또한 의심할 여지 없이 우리의 나약함이 드러나게 하지만 궁극적으로는 아름다운 친밀감으로 이어집니다. 이러한 예는 인간관계에서도 쉽게 찾아볼 수 있습니다. 우리는 방금 만난 사람에게는 자신의 가장 깊은 생각이나 꿈을 쉽게 나누지 않습니다. 하지만 관계가 발전하고 친밀해지면 상대방에게 자신의 숨겨진 부분을 더 편안하게 보여 줍니다. 사실 우리는 상대방에게 우리의 가장 깊은부분을 보여 줌으로써 진정으로 자신을 알리고 사랑받기를 원합니다. 하느님도 우리와 그런 친밀한 관계를 원하십니다. 우리가 관계를 맺었던 다른 사람들과는 달리 하느님은 우리의 연약함을 이용하지 않으십니다. 하느님은 항상 우리가 당신을 찾는 것에 대해 특별한 방법으로 당신의 사랑과 자비를 느낄 수 있도록 보상해 주십니다.

무엇이
당신을 붙잡고 있습니까?

고해성사를 보러 가기가 너무 힘들다면 무엇으로 인해 자신이 거리감을 느끼는지 깊이 생각해 볼 필요가 있습니다. 그리고 고해성사 보기를 방해하는 장애물이 무엇이든 그것은 우리 영혼에 비하면 아주 사소한 것임을 다시 생각해 보아야 합니다. 이제 많은 사람들이 고해성사를 멀리 하게 된 이유들을 몇 가지 살펴보겠습니다.

**두려움**

네, 무서울 수 있습니다! 하지만 솔직히 우리는 살면서 감당하기 힘든 많은 일들을 합니다. 비행기 타기가 두렵지만 출장을 안 갈 수 없으므로 비행기에 탑승합니다. 벌레가 무섭지만 아이가 노는 곳 근처를 기어다니는 거미를 쫓아내기도 합니다. 의사를 두려워할 수도 있지만 여전히 매년 건강 검진을 예약합니다. 두려움은 인간의 보편적인 감정입니다. 우리 삶 주변에는 두려움이 널려 있고 또 그 두려움에 맞서야 한다는 것을 증명하는 동기를 부여하는 강연자, 책, 포스터도 충분히 많이 있습니다. 마음속으로는 우리가 두려움을 극복할 수 있을 만큼 강하다는 것을 알고 있지만, 우리가 두려움을 허용하면 두려움은 우리를 쉽게 지배합니다.

그것은 결국 믿음으로 뒷받침된 결단의 힘으로 귀결됩니다. 저는 항상 믿음이 두려움을 대체

한다고 믿었습니다. 두려움과 믿음은 완전히 반대되는 개념입니다. 두려움이 있으면 특정 상황에서 성공적으로 행동할 수 있다는 믿음이 생기지 않습니다. 두려움은 성장을 방해하지만 믿음은 우리를 성장하게 합니다. 두려움은 우리를 멈추게 하지만 믿음은 우리를 앞으로 나가게 합니다. 하느님께 두려움을 극복하기 위한 은총을 청하며 기도합니다. 하느님의 은총을 받아들이면 필요한 용기를 얻을 것입니다.

교만

충분한 시간을 할애해야 하는 큰 주제이므로 간식을 준비하십시오. 우리가 하느님이 기대하는 바에 부응하지 못할 뿐만 아니라 어쩌면 우리 자신이 스스로에게 기대하는 바에도 부응하지 못하고 있다는 사실을 인정하기는 쉽지 않습니다. 아무도 이런 생각하기를 좋아하지 않습니다. 우리는 대부분 자신이 꽤 괜찮은 사람이라고 생각하며 살아갈 가능성이 높습니다. 지난 몇 달 동안 우리가 잘못한 모든 일에 집중함으로써 자존감을 의도적으로 파괴하고 싶은 이유는 무엇일까요?

    우리가 사는 세상은 자기 성장에 집중합니다. 곧 자신이나 자녀의 자존감을 높이는 방법에 대한 글이 무수히 많습니다. 건강한 자존감을 유지하는 것은 좋은 일입니다. 하느님은 우리가 무가치하다고 느끼거나 위축된 채로 돌아다니기를 바라지 않으십니다. 하느님은 우리를 사랑하십니다. 우리는 다른 사람들에게 그리스도인으로서 살아가는 기쁨의 좋은 본보기가 되고자 합니다. 자기 자신에 대한 건강한 존중은 용기를 갖게 하고 행동에 확신을 갖도록 도와줍니다. 자신감은 우리의 믿음을 지키고 다수의 견해가 아니더라도 옳은 일을 옹호하도록 이끕니다.

    그러나 우리는 자존감이 교만이라는 위험한

죄로 넘어가지 않도록 주의해야 합니다. 교만은 사탄의 타락을 가져온 죄이므로 분명히 심각한 문제입니다. 교만은 자신감, 건강한 자존감 등과 같은 긍정적인 면으로 자신을 감추기 때문에 가장 교활한 죄 중 하나입니다. 하지만 우리의 단점과 현실적인 균형을 유지하지 않고 긍정적인 특성에만 집중하면 문제가 발생합니다.

우리는 자기 장점에 너무 집중하다 보면 그리스도와의 긴밀한 친교를 위해 성장이 필요한 부분을 무시할 수 있습니다. 교만은 우리가 불완전하다는 현실을 보지 못하게 합니다. 그리고 우리가 불완전함을 인정하면 어떻게든 자기 자신을 그 불완전함으로 정의하고 있다고 생각하게 만듭니다. 교만은 우리 각자 안에 존재하는 선과 악을 의식하는 것을 허용하지 않습니다.

우리가 자기 죄를 목록으로 만들어 누군가에게 하나씩 소리내어 말하는 것만큼 겸손해지는 경험도 없습니다. 하느님은 우리에게 진정한 겸손을 요구하십니다. 겸손은 자신이 누구인지 아는 것입니다. 우리는 신이 아니며 완벽하지 않습니다. 하지만 우리는 여전히 하느님의 완벽한 사랑을 받고 있습니다. 그리고 하느님 나라에 들어가기 위해서는 겸손이 필요합니다. 하느님 나라를 궁극의 목표로 살아가고 있다면 우리는 지금 우리 영혼의 어두운 공간에 밝은 빛을 비추고 자신의 부족함을 인정해야 합니다. 지금이 바로 꼭 필요한 변화를 만들 기회의 그때입니다.

고해성사는 단순히 공간을 비우고 다시 채우기 위한 것이 아닙니다. 고해성사는 우리가 더욱 그리스도를 닮기 위한 지속적인 회심 과정의 한 단계입니다. 우리가 교만해서 삶에서 회심해야 할 부분을 인정하지 않으면 하느님께서 우리 마음을 당신 뜻에 맞게 변화시키시도록 허용하지 않게 됩니다. 하느님은 우리를 어떤 존재로 만드셨는지 정확히 알고 계십니다. 그런데 우리가 교만이 스스로를 지배하게 놓아두면 우리 자신이 되고 싶은 존재에만 머물게 됩니다. 교만을 내려놓는 데 도움이 필요하다면 하느님의 기대치를 현실적으로 평가하고 용서의 필요성을 인식할 수 있도록 인도해 주시길 청하며 '겸손의 호칭 기도'*를 바칩니다.

### 게으름

우리는 고해성사를 이미 바쁜 일정에 끼워 넣어야 할 또 하나의 일로 생각할 수 있습니다. 교회에서 마련하는 시간이 편리하지 않을 수도 있습니다. 고해성사를 보기 위한 줄을 서기 위해 평소보다 일찍 미사에 가야 할 수도 있습니다.

예수님은 분명히 십자가에서 돌아가시며 우리를 위해 고난을 겪으셨습니다. 우리도 자신의 구원을 위해 어느 정도의 노력은 필요하지 않겠습니까? 설마 하느님과 영원히 함께 살기 위해서는 어떤 노력도 필요하지 않다고 믿고 계십니까? 복음서 어디에도 예수님께서 제자들에게 "내가 다 알아서 할 테니 너희는 푹 쉬어라."라고 말씀하시는 대목은 없습니다. 대신에 제자들에게 자기 십자가를 지고, 가진 것을 모두 팔고, 직장과 가족을 떠나 당신을 따르라고 말씀하십니다. 예수님은 제자들에게 행동을 기대하셨고, 지금도 우리에게 행동을 기대하십니다. 고해성사를 보기 위해 점심시간에 책상에서 샌드위치로 간단한 식사를 하거나 30분 일찍 미사를 준비하는 것은 매우 큰 보상을 받는 작은 십자가입니다. 고해성사를 보기 위해 노력하면 우리를 사랑하시는 하느님과의 화해라는 더 큰 보상을 얻을 수 있습니다.

'가톨릭적 죄책감'◆으로 마음을 불편하게 하려는 것은 아니지만, 현실을 직시할 필요가 있습니다. 지난 한 주 동안 우리가 어떻게 시간을 보냈는지 솔직하게 살펴봅니다. 열에 아홉은 자신이 즐기는 일을 하기 위해 어떻게든 시간을 내고 일정을 조정합니다. 우리 구세주를 위해서도 똑같이 합니다. 고해성사를 볼 수 있는 시간, 특히 사순 시기와 대림 시기에는 시간이 연장되므로 본당에 문의해 봅니다. 고해성사를 우선순위로 삼으면 성사를 볼 시간을 찾을 수 있고, 게으름을 극복하면 다음번 시도에는 훨씬 쉬워질 것입니다.

### 당혹감

사제가 내 목소리를 알아듣고 나중에 우습게 여기는 건 아닐까, 죄를 고백하기가 너무 창피할 수도, 고해성사를 본 지 너무 오래되어서 고백할 내용이 길고 추할 것이 걱정될 수도 있습니다. 대부분의 본당에서는 사제와 얼굴을 마주하고 성사를 보거나 전통적인 방식인 '가림막'을 사이에 두고 성사를 보는데, 고해성사에 곤란함을 느끼거나 당혹감이 심하면 가림막이 너무 투명하다고 느낄 수 있습니다.

여기에는 간단히 해소될 부분도 있고 그렇지 않은 부분도 있습니다. 먼저 사제는 그날 고해성사를 이미 많이 들었을 가능성이 높으며, 설령 사제가 목소리를 알아본다고 해도 줄을 선 다른 사람들의 고해성사를 듣고 난 뒤에도 우리의 성사 내용을 정확히 기억할 가능성은 현저히 낮다는 점을 인식해야 합니다. 사제들은 매우 바쁘고 솔직히 모든 사람의 개별적인 죄에 대해 숙고할 시간이 없다는 사실은 말할 것도 없습니다! (게다가 하느님께서는 종종 사제들에게 고해성사 때 들은 말을 기억하지 못하도록 특별한 은총을 주십니다.) 사제는 판단하기 위해 고해소에 있지 않습니다. 판단은 사제들의 몫이 아닙니다. 고해성사에서 사제의 유일한 역할은 그리스도의 인격을 대신하여 사죄경을 전하는 것입니다.

그래도 여전히 걱정된다면 나를 알지 못하는

신부가 있는 다른 성당이나 교구에서 마련한 상설 고해소를 찾아갑니다. 다소 번거로울 수 있지만 문제를 쉽게 해결하는 방법입니다. 또는 본당 신부님이 휴가 등으로 자리를 비운 날 성사를 보러 갈 수도 있습니다. 그때는 아마 다른 사제가 대신 고해성사를 맡아 줄 테니까 본당 사무실에 문의하거나 주보에서 일정을 확인할 수 있을 것입니다.

굴욕감이라는 요소는 다루기가 조금 더 어렵습니다. 어떤 일들은 정말 입 밖으로 내기가 어렵고, 하느님보다 사람에게 말하는 것이 훨씬 더 어렵습니다. 무엇보다 하느님은 우리가 한 일을 이미 알고 계십니다. 심지어 우리가 아직 스스로 인정하지 않은 죄도 알고 계십니다! 하지만 다른 사람에게 부끄러운 말을 하는 것은 분명 당혹스러운 일입니다. 하지만 우리가 입에 담기조차 끔찍한 일이라 할지라도 사제가 이전에 결코 들어본 적이 없는 것을 고백하지 않을 것이라는 사실로 위안을 삼을 수 있습니다. 포르노그래피, 탐욕, 알코올 또는 약물 중독, 간음, 정욕, 도둑질, 시기심 등은 사제도 틀림없이 이미 다 들어보았을 것입니다.

자기 영혼 속에 인정하기 정말 부끄러운 어떤 것이 있다 해도 용기를 내십시오. 말하기 아무리 어려워도 한 번만 고백하면 다 사라집니다! 그런 일을 반복하지 않는 한 다시는 그런 말을 할 필요가 없습니다. 그리고 다시 똑같은 큰 실수를 하더라도 하느님의 자비는 여전히 남아 있고, 다시 그 고백을 할 수 있는 은총을 받게 될 것입니다. 고해성사의 가장 큰 축복은 우리가 참으로 사랑받지 못할 것 같을 때조차도 하느님의 사랑을 받고 있음을 상기시켜 줍니다. 고해성사를 정기적으로 받기로 결심하면 자신의 죄를 고백해야 한다는 사실을 아는 것만으로도 죄를 다시 짓지 않게 될 수 있으며, 이것이 정기적인 고해성사의 목표입니다. 우리는 고해성사를 통해 용서받을 뿐만 아니라 죄를 덜 짓기 위해 계속 노력할 수 있는 은총 또한 받는다는 사실을 기억해야 합니다.

### 도저히 용서받을 수 없을 듯한

마음속에 너무 크고 끔찍한 일이 있어서 솔직히 하느님도 용서하실 방법이 없다고 생각하며 고해성사를 피하고 있을 수도 있습니다. 멋진 사실을 알려 줄까요? 그 생각은 틀렸습니다!

우리는 너무나 자주 주님 자비의 무한한 능력을 인간적 제약으로 한정해 버리곤 합니다. 있는 그대로 받아들이기 어렵고 이해하기 힘들지만, 겸손하게 통회하며 다시는 그런 죄를 짓지 않겠다는 진실한 마음으로 그분께 나아가면 그분은 우리가 저지른 모든 죄를 용서해 주십니다.

하느님의 용서와 자비는 우리를 위해 열려 있으며, 우리가 그 용서와 자비를 받아들이기를 기다리고 있습니다.

사죄경을 받으면 하느님 자비의 깊이에 눈을 뜨게 되고, 정기적으로 성사를 받으면 하느님의 자비를 받아들일 수 있는 은총을 얻게 됩니다. 우리가 죄를 인정하지 않고 용서를 구하지 않는다면 사실상 하느님의 자비를 거부하는 것입니다. 마치 우리가 하느님께 "내가 나를 용서하지 않으니, 당신도 나를 용서하지 못할 것입니다."라고 말하는 것과 같습니다. 죄책감에 얽매여 자기 자신을 용서하지 않는 것은 하느님의 은총을 가로막는 것입니다. 잠시 후에 더 자세히 살펴보겠지만, 일단 하느님의 용서를 받았다는 사실을 깨닫고 나면 자신을 용서하는 내적 과정의 시작이 쉬워집니다. 이는 하느님의 용서를 받아들이는 데 있어서 중요한 부분입니다.

..................

◆ 가톨릭 신자들이 느끼는 지나친 죄책감. 강박 장애, 즉 세심함으로도 나타날 수 있다.

★ 성 비오 10세 교황 당시 국무원장을 지냈던 라파엘 메리 델 발(Rafael Merry del Val, 1865-1930) 추기경이 만든 기도이다. 프란치스코 교황은 2019년 6월 13일 전 세계 교황대사와 만난 자리에서 '겸손의 호칭 기도'를 봉헌하라고 권고했다.

## 겸손의 호칭 기도

오! 마음이 온유하고 겸손하신 예수님, 저의 기도를 들어 주소서.

존경을 받고자 하는 욕망에서 예수님, 저를 구하소서.

사랑을 받고자 하는 욕망에서 예수님, 저를 구하소서.

칭찬을 받고자 하는 욕망에서 예수님, 저를 구하소서.

명예를 받고자 하는 욕망에서 예수님, 저를 구하소서.

찬양을 받고자 하는 욕망에서 예수님, 저를 구하소서.

남보다 좋아해 주길 바라는 욕망에서 예수님, 저를 구하소서.

의견을 물어줄 것을 기대하는 욕망에서 예수님, 저를 구하소서.

인정받고자 하는 욕망에서 예수님, 저를 구하소서.

굴욕당함의 두려움에서 예수님, 저를 구하소서.

경멸당함의 두려움에서 예수님, 저를 구하소서.

질책받음의 두려움에서 예수님, 저를 구하소서.

비방당함의 두려움에서 예수님, 저를 구하소서.

잊힘의 두려움에서 예수님, 저를 구하소서.

비웃음당함의 두려움에서 예수님, 저를 구하소서.

부당하게 대우받음의 두려움에서 예수님, 저를 구하소서.

의심받음의 두려움에서 예수님, 저를 구하소서.

예수님, 다른 이들이 저보다 더 사랑받기를 갈망하는 은총을 허락하소서.

예수님, 다른 이들이 저보다 더 높이 평가되기를 갈망하는 은총을 허락하소서.

예수님, 세상 사람들이 보기에 다른 이들이 높고 제가 낮아지기를 갈망하는 은총을 허락하소서.

예수님, 다른 이들이 선택받고 저는 고려되지 않음을 갈망하는 은총을 허락하소서.

예수님, 다른 이들이 칭찬받고 저는 눈에 띄지 않음을 갈망하는 은총을 허락하소서.

예수님, 모든 것에 있어 다른 이들이 저보다 우선으로 선택받음을 갈망하는 은총을 허락하소서.

예수님, 다른 이들이 저보다 더 거룩해지고, 저도 마땅히 거룩해심을 갈망하는 은총을 허락하소서.

# 하지만 잠깐만요, 더 있습니다!

고해성사에 대한 장벽은 마음만 먹으면 극복할 수 있습니다. 그리고 좋은 점도 있습니다. 모든 불안과 두려움과 굴욕감을 뒤로 하고 고해성사를 잘 마치면 그 죄는 사라지고 잊힙니다! 다음 날 죽음을 맞이하거나 50년을 더 살고 나서 최후의 심판을 받더라도 이미 용서받은 죄는 논의의 대상이 되지 않습니다. 하느님은 용서하실 뿐만 아니라 잊어버리신다는 사실을 기억하는 것이 중요합니다. 우리는 자신에게 가해진 잘못을 용서하는 것보다 잊는 것이 더 어렵기 때문에 이 개념은 때때로 우리에게 낯설게 느껴질 수 있습니다.

물론 때때로 잘못을 기억하는 것은 인생의 문제를 피하는 데 어느 정도 필요합니다. 과속 딱지를 받은 배우자에게 화가 나더라도 용서할 수 있습니다. 하지만 다음번에 배우자와 함께 차를 탈 때는 "과속하지 않게 조심해, 또 과태료 물고 싶진 않을 테니까."라고 말할 겁니다. 그런데 하느님의 운영 방식은 이렇지 않습니다. 일단 사죄경을 받으면 죄는 마치 처음부터 없었던 것처럼 완전히 지워집니다. 이 모든 것은 우리 주님께서 우리에게 베푸시는 이해할 수 없는 깊은 자비 덕분입니다.

놀랍게도 영원한 구원만으로는 충분하지 않다는 듯, 하느님께서는 고해성사를 받으면 다른 혜택도 베푸십니다.

"기분이 좋아요!"

가장 먼저 떠오르는 것은 특별히 영적인 것도 아니고, 단지 우리의 인간적인 본성의 일부일 뿐입니다. 죄와 죄책감은 무겁고, 우리 영혼에서 시작해 결국 존재 전체에 퍼져 우리를 짓누릅니다. 죄와 죄책감을 털어놓기가 처음에는 두렵지만 궁극적으로는 기분이 좋아질 것입니다. 어릴 적에 부모님이 집에 안 계실 때 무언가를 망가뜨렸을 때를 떠올려 봅시다. 야단맞을 게 분명한 상황이므로 두려움에 떨었을 것입니다. 부모님께 발각되어서 잘못을 시인하고 벌을 받는 것이 좋지는 않겠지만, 그래도 부모님이 알아차리기까지 초조해하며 느꼈던 불안감보다는 나았을 것입니다.

고해성사도 마찬가지입니다. 죄를 인정하기까지의 과정이 실제로 죄를 인정하는 것보다 더 힘든 경우가 많습니다. 그래서 사람들은 고해성사를 보고 나서 '큰 짐을 내려놓은 것 같다.'라고 표

현합니다. 그동안 짊어지고 있던 죄책감과 두려움의 무게가 사라졌기 때문입니다. 이 세상에서 그리스도의 대리자인 사제의 입을 통해 참으로 하느님께 용서받았다는 실제 말을 듣는 것은 강력한 힘을 발휘합니다.

하느님은 우리를 창조하셨습니다. 따라서 처음부터 우리에게 무엇이 필요한지 정확히 알고 계신다는 사실을 기억해야 합니다. 고해성사의 이러한 심리적 이점은 우연이 아닙니다. 아무리 두려워도 고해성사가 정신적으로나 영적으로 놀랄 만큼 '깨끗한 백지'의 느낌을 준다는 점을 인정해야 합니다.

**두려움이 아닌 사랑으로 행동하기**

고해성사의 또 다른 이점은 정기적으로 성사를 보면 더 나은 삶을 살고 싶어 한다는 것입니다. 성사를 보는 과정의 모든 측면이 우리를 성장으로 인도합니다. 죄는 우리를 그리스도로부터 떼어 놓지만, 화해는 우리를 그분과 하나로 묶어 줍니다. 우리가 고해성사를 통해 예수님께 나아갈 때마다 그분과 더 깊은 관계를 맺는 한 걸음을 내딛는 것입니다. 즉각적이고 극적인 변화는 없을지라도 고해성사를 보면 볼수록 예수님과 더 친밀해질 수 있기를 바랍니다.

사랑하는 사람과의 관계에서 우리는 되도록 상대를 속상하게 하거나 실망시킬 만한 행동은 피하려고 합니다. 처음에는 단순히 싸움을 피하는 일부터 시작하지만, 사랑이 커지고 깊어지면 갈등을 피하는 것 이상을 지향합니다. 우리는 상대방을 사랑하고 상대방이 행복하기를 바라기 때문에 더 나은 선택을 하고 싶어 합니다. 죄책감으로 인해 행동을 피하는 것과 사랑으로 인해 행동을 피하는 것은 미묘하지만 중요한 차이가 있습니다. 하느님과의 관계도 마찬가지입니다. 같은 죄를 지었을 때 느끼는 죄책감이 처음에는 행동을 수정하는 데 방해 요소가 될 수 있지만, 화해의 성사를 통해 하느님의 무조건적인 자비를 더 많이 체험할수록 그분의 사랑에 대한 우리의 믿음은 더 굳건해지고, 그 굳건해진 힘이 우리의 마음을 변화시키고 우리의 동기를 변화시킵니다. 결국 우리는 오로지 하느님과의 일치와 우정을 갈망하며 올바르지 않은 선택은 하지 않게 됩니다.

### 더 나은 습관 개발

우리 자신에게 과거의 행동을 평가하도록 강요하는 것은 현재의 행동에 대한 다른 인식을 가져오는 데 도움이 됩니다. 예를 들어, 자신이 남을 험담한 사실로 자주 고해성사를 봐야 했음을 알아차릴 수 있습니다. 그러고 나서 얼마 뒤에는 누군가가 "이봐, 그 소문 들었어?"라고 말을 걸면, 다시 소문이나 험담으로 고해성사를 보는 대신에

정중하게 대화 주제를 바꾸는 선택을 할 수 있습니다. 이것이 바로 우리가 '통회 기도'에서 약속하는 것입니다. "하느님의 은총으로 속죄하고 다시는 죄를 짓지 않으며 죄지을 기회를 피하기로 굳게 다짐하오니…" 물론 우리는 다시 죄를 지을 수 있고, 그것은 타락한 인간 조건의 일부이지만, 우리는 잘못에 대해 의식할 것을 약속합니다. 더 중요한 것은, 앞으로 그런 잘못을 저지르지 않기 위해 노력하겠다고 약속하는 것이며, 이를 통해 우리는 선택해야 할 때 더 신중하게 생각하게 될 것입니다. 물론 우리 혼자서는 할 수 없으며 하느님의 도움이 있어야만 죄의 경향에서 벗어날 수 있습니다.

마지막으로, 하느님은 모든 것을 보고 계신다는 사실을 기억해야 합니다. 하느님께서는 우리가 죄를 짓는 것뿐만 아니라 고해성사를 보는 것을 비롯해 우리가 하는 선한 일들 또한 보고 계십니다. 성령께서는 우리의 노력을 보시고 주님과 더 가까이 일치하도록 계속해서 필요한 은총을 우리에게 주십니다. 하느님께서는 우리의 성공을 원하시므로 우리가 청하는 한 우리를 도와주십니다.

# 내가
# 무엇을 했습니까?

고백하는 괴로움에 직면하기 전에 먼저 우리는 죄를 기억하고 반성해야 합니다. 겸손 연습에 관해 이야기해 봅시다! "나는 아무도 죽이지 않았는데, 나쁘면 얼마나 나쁘겠어?"라고 먼저 생각합니다. 그런 다음 양심 성찰을 하고 나서…, 우리는 불편한 깨달음을 경험할 수 있습니다.

예, 실제로 우리는 고해성사를 제대로 보기 위해 양심 성찰이라는 수단을 사용할 수 있습니다. 물론 생각나는 대로 기억을 떠올려 고해성사를 볼 수도 있지만, 솔직히 말해서 별로 철저하지 못할 것입니다. 어떤 죄는 대충 넘어가고 싶은 유혹이 들 수도 있고, 또는 성찰이 기억을 자극하기 전까지 잊고 지냈을 수도 있습니다. 심지어 우리가 죄인지 몰랐던 것들이 나열되어 있을 수도 있습니다.

양심 성찰을 돕는 다양한 방법이 있습니다. 저는 미국 가톨릭 주교회의 웹사이트의 양심 성찰이 마음에 드는데, 기혼인지 미혼인지, 아니면 하느님에 대한 책무와 자신과 타인에 대한 책무 등 특정 생활 방식에 맞게 질문이 세분되어 있기 때문입니다. 또한 어린이와 청소년을 위한 카테고리도 마련되어 있어 부모에게 매우 유용한 교육 도구가 될 수 있습니다. 온라인과 가톨릭 서점에서도 양심 성찰을 위한 자료를 찾을 수 있습니다. 여러 성당에서는 고해소 주변에 팸플릿을 비치해 두기도 합니다.

우리는 고해성사를 보기로 결정하고 나서 종종 다섯 가지 정도 고백을 해야 한다고 생각합니다. 그러나 팸플릿이나 앱에 나열된 성찰 내용을 보고 나면 갑자기 지옥에 갈 것 같은 기분이 들곤 합니다. 자, 깊게 심호흡합니다. 성찰은 편안하지 않아야 하므로(제대로 하고 있다면), 괜찮습니다. 고해성사의 목적은 영혼을 정화하는 것이므로 구석구석, 어두운 곳까지 모두 살펴보고 자신의 죄를 제대로 보아야 합니다. 무엇보다도 몇 가지 죄만 고백하고 다른 죄는 그대로 방치하는 것은 실제로 아무 의미가 없습니다. 그것은 탄산음료를 엎지른 곳은 내버려둔 채 바닥 청소를 하는 것과 다름없습니다. 우리는 모든 죄를 용서받아야 하며, 이는 우리 삶의 모든 측면을 정직하게 바라봐야 한다는 것을 의미합니다.

고백할 내용을 결정하고 메모를 하는 것도 도움이 됩니다. 저처럼 긴장을 많이 하면 무언가를 쉽게 잊어버리기 때문입니다. 고해성사를 보려고 열심히 성찰했는데 고해소를 나설 때 깜빡 잊은 것이 떠오르면 얼마나 마음이 상하겠습니까. (물론 고의가 아니라 실수로 잊어버렸을 때는 용서받을 수 있습니다. 하지만 어쨌든 다음 고해성사 때 이 사실을 고백해야겠지요.)

오랫동안 고해성사를 보지 않았다면 우선 소죄부터 시작해서 대죄로 점진적으로 나아가야 한다고 생각할 수도 있습니다. 하지만 성사는 그런 식으로 진행되지 않습니다. 대죄를 말할 준비가 되지 않았다는 이유로 시간을 끌거나 고의로 생략하는 것은 성사에 겸손하게 참여하는 것이 아닙니다. 알고 있는 대죄를 숨기는 것은 하느님의 자비를 충만히 받기 위해 자신을 완전히 비우는 것을 방해하고 하느님과의 화해를 방해합니다. 대죄로 인해 하느님과의 분리가 치유되지 못하고 따라서 고해성사를 보는 목적 자체가 의미를 잃게 됩니다.

고해성사를 준비하는 과정에서 어려움을 겪지만 진지하게 노력한다면 주님은 우리의 노력을 높이 평가하시고 우리의 의도를 알아주십니다. 고해성사를 통해 진정으로 하느님과 화해하기를 희망한다면 주님은 우리에게 필요한 힘과 도움을 주실 것입니다.

# 자기 자신
# 용서하기

특별히 무거운 죄를 지었거나 여러 번 무거운 죄를 지었다면 우선 고해성사를 통해 그 무게를 덜어 낸 다음, 자기 자신을 용서하는 과정을 시작할 수 있습니다.

우리는 하느님께 용서받는 것이 가장 어려운 일이라고 생각할 수 있지만, 사실 그 부분은 놀라울 정도로 간단합니다. 우리가 고해성사를 통해 하느님께 진심으로 미안한 마음을 담아 용서를 구하면, 하느님께서는 용서해 주십니다. 그게 전부입니다. 아이러니하게도 이 과정의 단순함 때문에 우리가 받아들이기 어려운 것일 수도 있습니다. 정말 큰 죄를 용서받기 위해서는 큰 노력을 기울이고 오랜 시간을 들여야 한다고 생각하는 것은 매우 인간적입니다. 하지만 하느님은 그렇게 일하지 않으십니다. 예수님께서 이미 십자가에서 그 값을 치르셨습니다. 그분은 우리에게 자비를 베푸시려고 우리가 용서를 구하기만을 기다리고 계십니다.

인간으로서 우리는 종종 사람들에게 신뢰를 얻거나 용서를 받기 위해 노력을 합니다. 그리고 인간적인 생각에서 우리는 하느님이 우리를 용서하지 않아서가 아니라 우리가 그렇게 쉽게 용서받을 리가 없다며 이미 고백한 죄에 대한 죄책감 부스러기를 계속 품고 다닙니다. 다시 말해, 하느님께서 우리 죄를 정말로 사해 주셨다는 것을 믿지 못해서 우리는 자신을 용서하지 못합니다.

이 죄책감 부스러기는 우리에게 어떤 영향을

미칠까요? 그것은 우리가 고해성사 안에서 하느님의 은총을 충만하게 누리지 못하게 합니다. 그분의 사랑과 자비로 채워져야 할 우리 영혼의 공간이 죄책감 부스러기로 채워집니다. 하느님은 우리를 용서했는데, 우리가 그 사실을 완전히 받아들일 수 없다면 그것 또한 고백해야 합니다. 사제에게 자기 마음속에 여전히 남아 자신을 짓누르는 것들이 있다고 '다시 고백'할 필요성을 느낀다고 말해도 아무런 해가 없습니다. 그 과정에서 주님의 자비를 충만히 받아 누릴 수 있는 은총을 간구합니다. 사제에게 이러한 문제로 어려움을 겪고 있다고 알리거나 영적 지도자에게 상담하는 것도 좋습니다. 우리를 위로하시는 성령께 도우심을 청합니다. 하느님께서 우리를 온전히 용서하고 사랑하기를 원하고 계신다는 것을 우리가 깨달을 수 있도록 성령의 인도를 간구합니다.

# 라그니아페

(Lagniappe, 추가적인 혜택)

———

고해실에 들어갈 때 우리는 사제에게 무슨 말을 할지는 알지만, 사제가 우리에게 무슨 말을 할지는 알지 못합니다. 물론 사제는 성사 거행에 필요한 말을 하겠지만 때로는 조언을 덧붙이기도 합니다. 사제는 예수님의 대리자로서 우리를 단죄하기 위해서가 아니라 돕기 위해 존재합니다. 그렇습니다. 자애롭지 않은 고해 사제를 만날 수도 있지만, 그것은 일반적이지 않은 예외적 경우라고 생각합니다. 몇 년 전에 고해 사제에게 가혹한 질책을 받아 안 좋은 경험을 간직하고 있다면 한 번 더 시도해 봅니다. 가톨릭교회는 우리가 이 성사를 받기를 원합니다. 그리고 사제들 대부분은 우리가 신앙생활에 적극적으로 참여한다는 사실에 기뻐합니다!

때때로 우리의 고해성사는 별다른 이야깃거리가 없는 매우 평범한 내용일 수 있습니다. 또 어떤 때는 사제가 성령의 인도를 받아 우리의 무거운 마음에 큰 위로와 평화를 가져다주는 말씀을 들려줄 수도 있습니다. 고해성사 후에도 오랫동안 기억될 말씀을 듣는 것은 특별한 경험입니다.

어느 해인가 사순 시기에 본 고해성사를 기억합니다. 그날 저녁에는 여러 본당에서 사제들이 고해성사를 주러 왔었습니다. 저는 어느 사제에게 성사를 볼지 신경 쓰지 않고 여러 줄 중에서 하나에 섰습니다. 줄이 짧아지면서 저는 주교님께 고해성사를 볼 것을 알았습니다. 아, 이런! 잠시 그만

둘까 망설였는데, 잘 참고 성사를 봤고 정말 잘한 결정이었습니다. 주교님은 제 고백을 참을성 있게 들으시고 하느님의 풍성한 은총과 그 은총을 받아들여야 할 필요에 대해 말씀해 주셨습니다. 그 말씀이 제 영혼을 꿰뚫는 듯했습니다. 그 체험은 제가 그동안 깨닫지 못했던 하느님께서 제 안에서 하시고자 하는 일을 강력하게 알려 주었습니다.

그날 저녁 이후로 다른 신부님들도 제 마음에 와닿는 지혜의 말씀을 해 주셨습니다.

때로는 고해성사를 보고 고해소를 나설 때 그 깨달음이 바로 오지 않을 수도 있습니다.

사제들은 고해성사 때 보속을 주며 종종 창의력을 발휘하는데, 성모송을 세 번 바치라는 보속 대신에 특정 성경 구절을 읽고 묵상하라고도 합니다. 그 보속을 통해 우리는 마음속에 말씀하시는 하느님의 메시지를 들을 수 있습니다. 따라서 사제가 하는 말에 귀를 기울이지 않으면 참으로 의미 있는 메시지를 놓칠 수 있습니다.

아직
끝나지 않았습니다
―――

앞서 언급한 보속에 대해 좀 더 살펴보겠습니다. 어렸을 때 저는 보속을 벌이라고 생각했습니다. 주님의 기도 1번, 성모송 3번 바치기는 학교에서 반성문 쓰기와 같았고, 어린 제 생각에는 고해성사와 주어진 보속 사이에 아무런 상관관계도 없었습니다. 어른이 되어서도 일부 사람들은 보속을 괴로운 고해성사 과정의 마무리로 성당을 나서기 전에 서둘러 바쳐야 할 일이라고 생각합니다.

사실 고해성사에서 보속 부분은 「가톨릭 교

회 교리서」에서 고해성사를 공식적으로 '보속(참회)과 화해의 성사'라고 칭할 정도로 매우 중요합니다. 우리는 죄를 고백하고 사죄를 받고 특정 기도나 독서, 묵상 등을 통해 하느님께 시간과 주의를 기울이는 보속으로 이 과정을 완료할 수 있습니다. 참회는 말한 것을 증명하기 위해 행동으로 보여 주는 것입니다. 보속을 서둘러 마쳐야 할 일로 생각하지 말고 받은 용서에 대해 생각하는 시간이자 앞으로 더 잘할 수 있는 힘을 달라고 기도하는 시간으로 삼아야 합니다. 보속은 하느님의 은총이 우리 영혼에 스며들고 채워지는 시간입니다.

보속은 회개를 위한 노력의 완결입니다. 하느님의 자비와 용서를 받는 대가로 바치는 마지막 단계입니다. 물론 하느님의 자비는 우리가 대가로 바치는 작은 희생보다 훨씬 더 큰 가치가 있습니다! 그렇지만 하느님은 우리가 그렇게 하도록 허락하시고, 우리의 노력을 참으로 큰 사랑으로 받아

주십니다. 제가 가장 좋아하는 보속은 신부님이 특정 성경 구절을 읽고 묵상하라고 제안할 때입니다. 성경 구절은 하느님의 용서가 제 영혼에 진정으로 자리하도록 바로바로 알려 주신다는 사실에 항상 놀랍니다. 특정 기도를 바치는 보속일 때는 천천히 기도하면서 단어 하나하나에 집중하고 나를 향한 하느님의 사랑을 느끼려고 최선을 다합니다. 또 사제가 보속으로 미사 참례나 봉사 및 자선 활동을 회개하는 마음으로 봉헌하라고 요청할 수도 있습니다. 이러한 모든 보속을 통해 우리는 하느님의 은총을 체험하고 우리 자신의 구원에 참여하게 됩니다.

# 유지 보수
# 예약하기

고해성사의 이점을 생각하고 경험해 보면 1년에 한 번보다 더 자주 성사를 보고 싶다는 결심을 하게 될지도 모릅니다. 장담하건대, 고해성사는 하면 할수록 정말 쉬워집니다! 우리가 대죄를 자주 짓는 것은 아니겠지만, 이렇게 생각해 보십시오. 차량의 정기적인 유지 보수, 예를 들어 윤활유 교환이나 타이어 교체는 차량을 좋은 상태로 유지하고 잠재적 재난과 큰 비용의 지출을 피하는 데 도움이 됩니다. 물론 가끔 큰 수리를 해야 할 때도 있겠지만 정기적인 정비는 많은 문제를 예방하는 데 도움이 됩니다. 이것이 바로 정기적인 고해성사가 제공하는 혜택입니다.

'유지 보수 고해성사'라는 것은 영혼을 위한 튜닝과도 같습니다. 우리는 누군가에게 화를 냈고, 이기적이었으며, 도움을 줄 기회를 피했습니다. 이 가운데 어떠한 죄도 우리를 지옥에 보내지는 않겠지만, 왜 길고 긴 죄의 목록이 채워질 때까지 기다립니까? 엄밀히 말하면, 가톨릭교회는 우리가 은총의 상태를 유지하기 위해 고해성사에서 모든 소죄를 다 고해할 필요는 없다고 말합니다. 우리의 소죄는 그 횟수가 어떤 마법의 숫자에 도달하면 대죄와 같아지지는 않습니다. 그러나 소죄, 특히 습관적인 죄를 무시하면 대죄에 더 쉽게 빠지게 됩니다. 예를 들어, 동료가 마땅히 그럴 만한 자격이 없는 승진을 했다고 생각하면 그 사람을 비꼬거나 부정적인 생각을 가질 수 있으며 거친 태도를 보일 수도 있습니다. 이러한 생각을 본질적으로 죄라고 인정하지 않고 또 하느님의 용서를 구하지 않는다면, 비꼬는 마음이 거짓 증언이라는 큰 죄로 쉽게 발전할 수 있습니다. 소죄는 우리 마음의 경계를 흐리게 만들어 대죄의 유혹을 식별하고 저항하는 것을 더 어렵게 합니다. 사소한 일들을 정기적으로 정리하면 앞으로 죄를 짓지 않도록 주의를 환기하는 데 도움이 될 뿐만 아니라, 성사를 받음으로써 은총을 받아 죄를 피하려는 의지를 강화할 수 있습니다(백신 추가 접종처럼).

    대죄와 소죄에 대해서 이렇게 생각하면 쉽습니다. 깨끗한 상태의 귀중한 골동품 인형에 흠집이 생기면 그 인형의 가치는 일부 손실됩니다. 그러나 머리가 부러지면 인형 전체가 손상되어 가치가 없어집니다. 소죄는 하느님과의 관계가 손상되는 작은 흠집이지만, 대죄는 하느님과의 관계를 심각하게 훼손합니다. 친구에게 사소한 일로 거짓말을 하면 그 거짓말은 친구의 신뢰를 떨어뜨리고 관계에 상처를 줍니다. 하지만 정말 중요한 일에 대해 거짓말을 하면 그 친구가 용서하지 않는 한 그 친구를 완전히 잃어버리게 됩니다.

고해성사의 온전한 목표는 우리 영혼 안에 있는 죄의 장벽을 제거하여 하느님과 더 긴밀하게 일치하는 것입니다. 우리가 가진 장벽이 적을수록 주님과의 관계는 더 쉽게 성장할 수 있습니다. 죄를 더 의식하고 고해성사를 통해 더 많은 은총을 받을수록 우리는 자기중심에서 하느님 중심으로 사고방식을 전환하게 됩니다. 일 년에 한 번씩 긴 죄 목록을 작성하는 대신에 고해성사 횟수를 늘리면 반복되는 죄의 근본적인 동기를 살펴 근본 원인을 성찰할 수 있는 기회를 가질 수 있습니다. 그리고 좀 더 깊이 파고들어 실제로 우리가 죄짓게 만든 더 큰 문제를 하느님이 보여 주실 수 있습니다. 분기마다 한 번, 혹은 한 달에 한 번만 시간을 내어 성사를 본다면 주님과의 관계에서 서서히 일어나는 변화를 경험하고 놀라게 될 것입니다.

두 걸음 앞으로,
한 걸음 뒤로

정기적으로 고해성사를 보고 죄를 짓지 않기 위해 진지하게 노력한다면 매번 죄 목록의 길이는 점점 짧아질 것입니다. 하지만 여전히 우리는 죄를 짓습니다. 우리 모두 그렇습니다. 이것은 인간 조건의 일부이며 피할 수 없는 일입니다. 최선의 노력에도 일부 죄에 대해서는 여전히 반복적으로 짓게 될 것입니다. 그렇다고 해서 더 나아지려고 노력할 필요가 없다는 뜻은 절대 아닙니다. 좌절감에 굴복해서는 안 됩니다. 피해야 할 행동을 반복할 때(곧 피할 수 있게 될 것입니다. 믿으셔도 됩니다), 고개를 들고 하느님의 자비에 감사하십시오. 하느님의 자비가 없었다면 우리는 모두 벌써 길을 잃었을 것입니다. 그러고 나서 다음 고해성사를 보러 갈 때를 위해 성찰 목록에 올려놓고 더 나아지고자 하는 우리의 의지를 하느님께서 굳건히 해 주시도록 기도합니다. 우리가 완벽에 도달할 수는 없겠지만 끊임없이 용서받을 수 있다는 사실을 받아들이십시오.

고해성사를 자주 할 때 또 하나 흥미로운 점이 있습니다. 죄를 줄이는 데 진전이 있다고 느끼기 시작하면 하느님께서는 천천히 그리고 부드럽게 개선해야 할 다른 영역을 드러내실 것입니다. 이것은 한 가지 죄를 쓰러뜨리면 다른 죄가 튀어나오는 두더지 잡기 게임과 같은 영적 게임이 아닙니다. 오히려 집에서 방 하나를 페인트칠할 때와 비슷합니다. 그 방에 페인트를 새로 칠하기 전까지는 모든 방이 괜찮아 보였는데, 다른 방이 칙칙해 보이거나 전에는 눈에 띄지 않던 흠이나 자국이 보이기 시작합니다. 모든 죄는 페인트가 벗겨져 있었던 것처럼 이미 존재하고 있었습니다. 이제 우리는 하느님께 우리 자신을 단절해 온 여러 방식에 대해 더 잘 알게 되었습니다.

이것은 우리를 낙담시키려는 것이 아닙니다! 우리는 스스로 완벽해질 수 없지만, 하느님은 완벽을 향한 여정을 기꺼이 떠나는 사람들을 끊임없이 이끌어 주십니다. 미사 강론의 형태로 올 수도 있고, 읽은 책에서 이전에는 죄라고 생각하지 않았던 삶의 특정 측면에 대해 생각하게 하는 내용이 있을 수도 있습니다. 겸손의 호칭 기도를 바쳐 보라는 권유를 받은 적이 있습니다. 몇몇 청원문은 저를 잠시 멈추게 하고 제 마음속에 품고 있던 동기에 대해 다시 생각하게 했습니다.

이 새로운 현실에 좌절하지 말고 하느님이 의

도하신 대로, 그분과의 관계에서 성장할 기회로 활용하십시오. 우리는 하느님에게서 왔으며 언젠가는 심판을 위해 그분께로 돌아갈 것입니다. 하느님께서 우리 삶의 영역에서 점검이 필요하거나 손질이 필요한 부분을 비춰 주실 때, 그분은 우리를 만드신 완벽한 모습, 즉 영원을 함께하고 싶어 하시는 우리 자신에 더 가까워질 기회를 주십니다.

궁극적인 목표에
집중하세요

우리 중 누구도 언제 최후의 심판에 하느님을 직접 마주하게 될지 알지 못합니다. 지상에서의 마지막 날을 생각하고 싶지 않지만, 영적으로 준비해야 합니다. 많은 사람들이 생명 보험, 유언장, 사후 장례 준비 등 죽음을 대비해 갖가지 노력을 합니다. 이러한 것들은 남은 사람들을 위한 좋은 예방책이기는 하지만 영원을 위한 준비는 아닙니다. 우리가 죽으면 어떤 경험을 하게 될지 정확히 알 수는 없지만, 몇 가지 확실한 것은 있습니다. 하느님의 자비와 심판입니다.

　우리는 우리를 향한 하느님의 자비와 사랑에는 한계가 없으며, 하느님은 우리가 당신과 온전히 화해하는 것 이상을 원하지 않으신다는 것을 알고 있습니다. 하느님은 이 땅에 사는 모든 영혼이 당신과 함께 천국에서 영원히 함께 지내기를 희망하시지만, 우리도 우리의 역할을 다해야 합니다. 주님은 우리가 당신의 사랑과 용서를 구하는 데 자유 의지를 사용하기를 간절히 원하시며 우리에게 자유 의지를 주셨습니다. 주님은 당신이 천국에서 우리와 함께 살기를 원하시는 만큼 우리도 천국에 가기를 원한다는 것을 우리가 행동으로 보여 주기를 원하십니다. 이 세상을 떠날 때 우리는 우리의 생각과 말, 우리가 한 일과 하지 않은 일 등 우리 자신에 대해 책임져야 합니다. 우리는 심판을 건너뛸 수 없으므로 그날을 가장 잘 준비할 수 있는 고해성사를 건너뛰지 말아야 합니다.

# 단 한 가지
# 할 일만 남았습니다

---

한동안 고해성사를 보지 않았다면 성사 전에 구체적으로 무엇이 고해성사를 보러 가지 못하게 했는지 생각해 보고, 마지막으로 고해소에 갔을 때와 그때의 기억에 대해 생각해 보는 시간을 가져 봅니다. 이러한 고민은 혼자만의 것이 아니라는 사실도 알아두십시오. 고해성사를 볼 날짜를 정하고 그 날짜를 달력에 적어 두는 것도 도움이 됩니다. 그러고 나서 고해성사를 보기 전날에 잠시 시간을 갖고 용서를 체험할 준비, 즉 자기 잘못을 인정하고, 진심으로 반성하며, 용서를 받을 마음의 준비를 합니다. 정기적으로 고해성사를 보는 친구가 있다면 다음번에 함께 가 줄 수 있는지 물어보십시오! 저는 고해성사를 보지 않다가 다시 가게 되었을 때, 사순 시기의 합동 참회 예절과 고해성사 때 갔습니다. 사람들의 줄도 길고, 잘 모르는 신부님도 몇 분 계시는 것이 왠지 모르게 위로가 되었습니다. 고해성사에 대해 생각하고 기도하고 실천하십시오. 고해성사로 돌아오는 것을 방해하는 모든 것을 극복할 수 있도록 하느님께 성령을 청하십시오. 자비로우신 주님께서는 놀라운 참회와 화해의 고해성사를 통해 우리가 당신의 사랑과 다시 하나가 되도록 필요한 은총을 아낌없이 주실 것입니다.

## 저자 소개

**미셸 존스 슈뢰더** Michelle Jones Schroeder는 루이지애나주 바톤 루즈에 살고 있습니다. 21년째 남편과 함께 유쾌한 두 자녀를 키우며 지치면서도 즐겁게 지내고 있습니다. 루이지애나주립 대학교를 졸업한 후 그녀는 첫 직장 생활을 마케팅 및 관리 분야에서 보냈습니다. 아이들과 함께 집에서 몇 년을 보낸 후, 요리 실력이 부족해 주방 제품을 발명하고 소규모 사업을 시작하게 되었습니다. 그녀는 피에트렐치나의 성 비오와 1980년대 음악에 약간 집착하고 있으며 바톤 루즈에 있는 성모 자애 본당에서 신앙생활을 하고 있습니다. 여가 시간은 없지만, 있다면 낮잠을 즐기고 싶다고 합니다.